BELIEVE

Die Erfahrung der bedingungslosen Liebe

AF199334

Wolfram Vertnik

High Performance Coaching

Herstellung und Verlag:
BoD – Books on Demand, Norderstedt

ISBN: 9783744831215

www.wolframvertnik.com

Für die bedingungslose Liebe

Inhalt

Einleitung

Kannst du sie fühlen und wahrnehmen?
Kannst du sie geben, mit allem Schönen und auch
Verletzlichen?
Kannst du sie annehmen, mit allem, was dich
ausmacht?

Die wahre Liebe, die dich von ganzem Herzen erfüllt,
dir ein Gefühl von Lebendigkeit gibt, wie es kein
anderes Gefühl auf Erden tun kann?
Das Gefühl von grenzenloser Leidenschaft, friedvoller
Harmonie und Akzeptanz deinem Leben, deinem
Partner und auch dir selbst gegenüber.

Kannst du deinen Körper so zum Erbeben bringen,
dass schon die kleinste Berührung deine Leidenschaft
entfacht und dich mit immerwährender Energie
versorgt?
Kannst du deinen Partner mit allen Sinnen fühlen und
wird jeder Kontakt zu einer Erfahrung bedingungsloser
Liebe, für den du nur zu gern bereit bist, dein Leben zu
geben?
Was bist du dir selbst als Frau oder Mann wert?
Bist du wahrhaftig eine liebevolle Frau oder ein
liebevoller Mann, die oder der andere, aber vor allem

sich selbst akzeptiert, mit all seinen Stärken und auch Schwächen?

Kannst du dich bedingungslos lieben, ohne Verurteilung deines Tuns oder dem Vergleichen deiner jetzigen Situation mit Aspekten deiner Vergangenheit? Kannst du die Schönheit in jedem und allem erkennen, sodass du Menschen und auch anderen Lebewesen mit Achtung, Würde und Respekt begegnest?

Bist du dir selbst der wichtigste Mensch und hast aufgehört, dich ständig vor allem und jedem zu rechtfertigen, sowie dich immer nur für andere abzumühen, ohne den Dank zu erhalten, der dir deiner Meinung nach gebührt?

Bist du dir im Klaren, was es für dich bedeutet, bedingungslos zu lieben und welche Verantwortung du trägst, wenn sich diese Liebe durch dich in deinem Leben manifestiert?

Bist du bereit, Opfer zu bringen, wenn es die bedingungslose Liebe von dir verlangt, um andere zu erheben und sie erkennen zu lassen, wer sie wirklich sind?

Wenn ja, dann freue ich mich sehr, einen außergewöhnlich wertvollen, besonderen Menschen auf diesem Wege kennenzulernen. Falls Aspekte in dieser Aufzählung dabei waren, gegen die sich ein gewisser Teil in dir wehrt, bin ich dankbar, dass du die

Stärke und den Mut aufbringst, dich diesen Aspekten zu stellen und sie zu verändern.

Was ist wirklich Liebe?

Ein Wort, über das seit Äonen von Jahren und Jahrhunderten geschrieben, gedichtet, gesungen und auch philosophiert wird, wobei sich dennoch eine tiefe Kluft zwischen dem Gesagten und dem Gelebten befindet.

Liebe Freundin, lieber Freund,

mein Name ist Wolfram Vertnik und ich widme genaue dir dieses Buch, einer Frau, einem Mann, die/der sich mit dem wohl wichtigsten Thema im Leben eines Menschen beschäftigt: Dem Thema der bedingungslosen Liebe.

Ich möchte mit dir in den nächsten Seiten eine Reise machen, eine Reise zu einem Ort, an dem diese wahre Liebe stets präsent ist. Das einzige, was du tun musst, um sie zu erfahren, ist diese Möglichkeit zu nützen, um das Gefühl der bedingungslosen Liebe zum Fließen zu bringen. Die einzige Möglichkeit Liebe in Fluss zu bringen ist es, diese in deinem Leben anzuwenden. Ganz so, als ob du den Anschluss einer Lampe in eine

Steckdose steckst, um sie zum Leuchten zu bringen, ist auch die bedingungslose Liebe. Wie der Strom in diesem Beispiel ist die Liebe stets vorhanden. Es kommt nur darauf an, ob du den richtigen Anschluss benutzt.

Ein kleines Beispiel, welches für deinen Kopf gedacht ist, der immer wieder mit jedem gelesenen Wort dieses Buches vergleicht und bewertet, ob das Geschriebene auch wirklich wahr sein kann.

So nebenbei:

All deine Gedanken und deine Gefühle entstammen nicht aus dem Ort, den ich dir in diesem Buch beschreiben werde, sondern resultieren aus den Erfahrungen deines Lebens. Genau aus diesem Grund bitte ich dich, einfach zu lesen und meine praktischen Tipps durch Anwenden in deinem Leben zu erproben. Nur im Tun wirst du die Gewissheit bekommen, ob die Inhalte dieses Buches auch wirklich stimmen. Oder ob es wieder nur leere Worte sind, die nichts in deinem Leben verändern oder bewegen können.

Ich will und werde dein Leben verändern, wenn du mir gestattest, dich mit meinen Worten zu berühren, du gewisse Vorurteile und Erfahrungen in dir anzweifelst, und du jedes Wort, das du liest, voll und ganz aufnimmst. Es gibt lediglich eine Möglichkeit zu erfahren, ob es für dich funktioniert, und zwar, dass du den Selbstversuch machst. Alles andere sind nur leere, inhaltslose Phrasen.

Herzlich Willkommen in deinem neuen, liebevolleren Leben.

Ich sitze gerade auf meiner Terrasse in Kroatien, meine Kinder und meine Frau schlafen noch und ich versuche, mich dem Leben hinzugeben, um die richtigen Worte für dich zu finden, um deinem Bewusstsein die Möglichkeit zu geben, selbst zu erfahren, was es bedeutet, bedingungslos zu lieben.

Bedingungslose Liebe ist wohl die höchste und wertvollste und zugleich demütigste und effektivste Möglichkeit, der Liebe Ausdruck zu verleihen.
Vielleicht hast du für dich in deinem Leben auch schon einmal hinterfragt, was es bedeutet, bedingungslos zu lieben?
Damit wir gleich einen guten Start am Anfang dieses Buches haben, lade ich dich ein, dein Leben zu reflektieren. Hast du jemals wahrhaftig bedingungslos geliebt oder entsprachen deine Beziehungen eher bedingten Gefühlen?

Wenn man über Liebe spricht, denkt und fühlt, ist es zumeist ein ganz anderer Aspekt, der in deinem Leben befriedigt wird, ein Aspekt, der nichts mit Bedingungslosigkeit zu tun hat und niemals diese Kraft entfalten kann.

In meiner Arbeit mit Menschen bekomme ich zumeist die Antwort, dass Liebende sich mit allem was sie haben lieben, und bereit sind, alles für den anderen zu geben. Ist dies bedingungslose Liebe?

Ich denke wir werden uns gleich zu Beginn mit dem Unterschied zwischen bedingter und bedingungsloser Liebe beschäftigen und ob deine Gefühle echte Gefühle sind, oder nur antrainierte, deiner Domestizierung entsprechende.

Bedingungslose Liebe stellt keine Bedingungen

wie es schon das Wort „bedingungslos" sagt.

Nun, dann betrachte am besten einmal deine Beziehung mit deinem Partner oder deiner Partnerin. Glaubst du wirklich, dass du für deine(n) Liebste(n) bedingungslose Liebe empfindest, oder kannst du sie oder ihn nur lieben, wenn sie oder er gewisse Bedürfnisse für dich befriedigt? Das bedeutet, dass er/sie zu dir sanft ist, lieb ist, treu ist und dergleichen. Ich weiß, dieser Gedanke ist für viele Menschen sehr fremd, weil wir ja gelernt haben, wie Liebe zu funktionieren hat. Wenn man einen Partner liebt, sind diese oder jene Regeln einzuhalten, wie zum Beispiel Treue, Sanftheit und dergleichen.

Wenn wir aber über bedingungslose Liebe sprechen, dann muss dir klar sein, dass dies eine gewaltige Selbstverantwortung darstellt. Nämlich nicht nur deinen Partner bedingungslos zu lieben, sondern vor allem dich selbst. Wenn du das Ganze in der Gesamtheit betrachtest, wirst du niemals deinen Partner bedingungslos lieben können, wenn du nicht zuerst dafür sorgst, dass du dir alle Wertschätzung und Liebe entgegenbringst, die du dir von jemand anderem erhoffst.

Du musst zuerst ein Resonanzfeld der Liebe in dir erzeugen, um auch wirklich diese bedingungslose Emotion nach Außen tragen zu können. Alles andere wäre eine Lüge dir selbst und auch deinem Schatz gegenüber.

Du kannst nur das fühlen, erschaffen und geben, was du bist und nicht, was du glaubst zu sein. Später in diesem Buch, werde ich dir genaue praktische Vorschläge machen, welche du in deinen Alltag integrieren kannst, um die bedingungslose Liebe dir selbst gegenüber zu praktizieren, um diese danach an alle anderen weiter zu geben.

Es ist eine Illusion, wenn du glaubst, dass du allen anderen beistehen kannst, allen anderen helfen

kannst, allen anderen Ratschläge geben kannst, wenn du nicht mit dir selbst im Reinen bist und die wahre Liebe zu dir entdeckt hast. Nicht nur für wenige Minuten oder Stunden am Tag, sondern als Normalität, die du von ganzem Herzen lebst.
Eine Realität, die aus einem weisen Herzen kommt.

Viel zu oft nehme ich bei Menschen wahr, dass liebevolle oder auch spirituelle Menschen für sich selbst glauben, diese bedingungslose Liebe, welche aus ihrem Selbst geboren wird, gefunden zu haben. Im selben Moment aber, verurteilen sie andere Menschen oder Situationen, die wie sie glauben, nicht dem entsprechen, was wahre Liebe und Leben bedeutet. Das Spiel der Beurteilung und Verurteilung ist ohnehin das Lieblingsspiel von uns Menschen. Individuen, die glauben, die Liebe zu leben, verurteilen Menschen, die reich und wohlhabend sind.
Reiche Menschen wiederum verurteilen spirituelle Menschen, da diese nicht die Grundfähigkeiten des Lebens beherrschen, wie zum Beispiel mit Geld umzugehen oder dergleichen.
Vorweg möchte ich gerne, dass dir wirklich bewusst bist, um was es in diesem Buch erstrangig geht.
Es geht darum, allem und jedem gegenüber diese bedingungslose Liebe zu praktizieren. Alles andere wäre eine Lüge. Denn wenn ich beispielsweise sagen

würde, dass das, was dieser Mensch macht ok ist und was der andere macht leider nicht, dann ist das fern ab von bedingungsloser Liebe.

In diesem Buch beschreibe ich diese Liebe anhand deiner Beziehung zu deinem Partner oder deiner Partnerin, in der Synergie mit allen Gesetzmäßigkeiten der Liebe.

Wenn du dich bedingungslos liebst, wirst du die bedingungslose Liebe finden – garantiert.

Lebst du bereits bedingungslose Liebe?

Du kannst sehr leicht für dich definieren, ob du bereits die bedingungslose Liebe lebst oder nicht.

Wenn du noch irgendetwas oder irgendjemanden verurteilst, lebst du sie nicht!
Wenn du anderen Menschen oder dir Schuld gibst, lebst du sie nicht!

Wenn du bereits die Wahrheit erkannt hast, ist es für dich nicht mehr nötig, dieses Buch weiterzulesen und ich danke dir, dass du zu einem Menschen gewachsen bist, der diese Wahrheit lebt. Du könntest dieses Buch in Liebe einem anderen Menschen schenken, dem du das Geschenk der Bedingungslosigkeit machen möchtest.

Ich kenne auch hoch spirituelle Menschen, die täglich meditieren und anscheinend diese bedingungslose Liebe in sich gefunden haben, und dennoch nach zwei Stunden Selbsterfahrung, die anderen Bereiche ihres Lebens wie Erfolg, Glück, Abwechslung, Sicherheit, Verrücktheit und dergleichen, vernachlässigen und wie vorhin erwähnt, sehr oft andere verurteilen, die nicht so „ticken", wie sie.

Das bedeutet für mich das Selbe, wie folgendes Beispiel:
Manche Menschen gehen nahezu jeden Sonntag in die Kirche, um sich reuig und demütig Gott hinzugeben, ihr religiöses Ritual zu praktizieren, vielleicht sogar zu beichten und um Gottes Segen zu bitten, aber dann wiederum zuhause die eigene Frau schlagen und dergleichen.

Ich bin aus ganzem Herzen ehrlich und ich werde das Leben und die Bedingungen, die manche Menschen ertragen müssen, auch niemals schönreden. Es gibt so viel Schmerz und Leid auf dieser Welt. Dies zu verleugnen wäre purer Selbstbetrug. Doch liegt es an uns selbst, welche Richtung wir unserem Leben gehen wollen. Was sind wir bereit, für das Wohlergehen der Menschen beizutragen?

Jetzt geht es aber nur um dich, nur um dich, nur um dich und ich würde diese Wörter am liebsten tausende Mal schreiben. Ich sehne mich danach, dass du endlich verstehst, dass du nur dann etwas bewirken und verbessern kannst, egal ob in deiner Beziehung oder für andere, wenn du in dir das gefunden hast, wonach du dich schon so lange sehnst.

Die bedingungslose Liebe zu dir und allem anderen!

Was ist bedingte Liebe?

Um besser zu verstehen, was bedingungslose Liebe bedeutet, und wann du sie fühlen und verstehen kannst, beschäftigen wir uns zuerst mit bedingter Liebe. Ich hoffe, dass ich dir dadurch nicht einen Kindheitstraum zerstöre. Der Traum vom einzig richtigen Prinzen, der hoch zu Ross um die Hand der Prinzessin anhält, und sie leben glücklich und zufrieden, bis an ihr Lebensende.
Ich bin überzeugt, es gibt viele Prinzen, die zu dir passen, mit denen du von ganzem Herzen glücklich sein kannst und ich werde dir nachfolgend beschreiben, warum dies wirklich sein könnte.

Hast du dir schon einmal darüber Gedanken gemacht, warum du dich eigentlich verliebst und was dein/e Zukünftige/r erfüllen sollte, damit du dich geliebt fühlst?

Und schon im Vorhinein nochmal sorry für die nächsten Zeilen. Doch ist es mir von Herzen wichtig, dass du verstehst, wie wir Menschen ticken.

Außerdem, wenn du in dir die bedingungslose Liebe gefunden hast, und diese lebst, wird sich dein Kindheitstraum vom wahren Prinzen ohnehin erfüllen, aber vielleicht auf einem anderen Weg, als du gelernt hast zu glauben oder zu hoffen.

Dann lass uns loslegen ☺

Jeder Mensch hat in seiner Erziehung verschiedenste Aspekte der Liebe, der Selbstliebe oder leider oft gar keiner Liebe erfahren müssen. Je nachdem, wie du erzogen wurdest und du leben musstest oder durftest, hast du für dich einen gewissen Plan im Leben gemacht und deine Überzeugungen gewonnen. In den ersten Lebensjahren geschieht dies völlig unbewusst. Später dann im unbewussten oder auch im bewussten Auswählen von verschiedensten Bezugsgruppen.

Bezugsgruppen sind Menschen, deren Meinung über dich dir sehr, sehr wichtig ist und die dich immer wieder auf ihre Stufe herabziehen oder emporheben.

Am besten siehst du dir gleich deine Freunde an und bewertest ehrlich, ob sie ähnliche Ziele haben wie du, eine ähnliche Art und Weise zu leben haben und dergleichen. Wenn du beispielsweise in einer Beziehung voller Schmerz feststeckst, ist es vielleicht nicht unbedingt förderlich, Ratschläge von Menschen anzunehmen, die sich in irgendeiner Form selbst in solchen Problemen befinden. Logisch oder?

Egal wo du momentan stehst, was du von dir glaubst zu sein, zu können, zu verdienen, ist diese Überzeugung lediglich eine Erfahrung, die du dir in deinem Leben bewusst oder zumeist unbewusst angeeignet hast.
Ich will aber nicht zu lange über das sprechen was war, doch möchte ich, dass du verstehst, dass du lediglich das denken und fühlen kannst, was du in dir als Überzeugung gespeichert hast. Genauso entstehen deine Gefühle.
Jeder einzelne Gedanke, jeder Wunsch, jede Sehnsucht wird von deinem Gehirn mit deinen Überzeugungen und deinen Erfahrungen abgeglichen. Je nachdem ob dieser Gedanke, im Vergleich deiner

Überzeugungen, eher positiv oder eher negativ ist, entsteht ein ganz bestimmtes Gefühl in dir.

Ein Gefühl, das dich eher passiv und verletzlich macht, oder aktiv und stark. Einen großen Teil deiner Überzeugungen machen deine Werte aus, die Zustände, dessen Erreichung (positive Werte) oder dessen Vermeidung (negativen Werte) für dich essentiell ist.
Zum leichteren Verständnis will ich dir anhand eines Beispiels zeigen, wie deine Entscheidungen von deinen Überzeugungen gesteuert werden.

Stell dir vor, du bist eine Frau und Single und hast beschlossen, mit deinen Freundinnen einen auf den Putz zu hauen und schön wegzugehen. Du freust dich schon die ganze Woche darauf und heute ist der besagte Tag. Du nimmst ein Wohlfühlbad, entspannst dich vollkommen und cremst vielleicht deinen Körper mit duftenden Pflegeprodukten ein. Möglicherweise gönnst du dir noch einen Friseur- und Kosmetikbesuch, und um 20:00 Uhr geht es los.
Ihr geht auf ein Glas Sekt zum Italiener nebenan und nach einigen heiteren Stunden findest du dich in deinem Lieblingstanzlokal wieder. Du bewegst dich amüsiert zur Musik und auf einmal die Erscheinung!

Du siehst einen Mann, ein Traum, dein Prinz - wunderschön wie aus einem Märchenbuch. Herzerwärmende, sinnliche Augen, wunderschön dichtes Haar, ein Körper wie Adonis und du kannst deine Augen nicht mehr von ihm wenden, einfach unmöglich.
Du willst ihn unbedingt kennenlernen und überlegst dir, wie du dies am besten machen sollst.

Jetzt geht es so richtig um in deinem Inneren!

Nicht nur mit deinen Hormonen, sondern vielmehr mit dem Kreislauf des Entstehens deiner Gefühle und Gedanken.
„Du willst ihn kennenlernen!" Diese Botschaft empfängt dein Gehirn und das genau darum, weil dieser Mann deinem antrainierten, domestizierten Idealbild von dem Mann entspricht, in den du dich vielleicht sogar verlieben könntest.

Was geschieht nun in dir?

Im selben Moment, in dem dir dieser Mann gefällt, aufgenommen durch deine Sinne und du die leise Entscheidung triffst, dass du ihn gerne kennenlernen willst, vergleicht ihn dein Gehirn mit all deinen

Überzeugungen und Erfahrungen, die in deinem Unterbewusstsein gespeichert sind.

Nehmen wir jetzt einmal an, du hattest bereits eine Beziehung mit einem Mann, von dem du vielleicht betrogen oder ausgenutzt wurdest (Referenzerlebnis). Du willst unbedingt Liebe (positiver Wert), aber niemals Zurückweisung oder Einsamkeit (negativer Wert) erleben.
In dir sind möglicherweise Glaubenssätze gespeichert, dass Männer einfach nicht treu sein können.

Was glaubst du, was du in diesem Beispiel tun wirst?

Du wirst nichts tun, rein gar nichts, da deine Überzeugungen bezüglich Männern eher negativ sind, und dementsprechend das Gefühl und daraus resultierend dein Gedanke und deine Handlung. Wahrscheinlich kommen dir dann Gedanken wie: „Wenn er mich will, wird er schon zu mir kommen!" Oder vielleicht versuchst du sogar gegen deine Angst anzukämpfen und motivierst dich zu ihm zu gehen. Aber immer wieder hemmt dich etwas in dir und du schaffst es einfach nicht. Dann wiederum ärgerst du dich wieder über dich, weil du wieder einmal zu feige warst.

Viel zu oft vergeudest du deine Chance, endlich den Mann deiner Träume kennenzulernen, nur weil dir deine Überzeugungen einen Strich durch die Rechnung machen. Dasselbe gilt auch für das männliche Geschlecht, wobei die Überzeugungen eines Mannes, in einem anderen Bereich angesiedelt sind.

Du glaubst mir nicht und denkst, das könntest du entscheiden!

Ok, ein weiteres, umgekehrtes Beispiel:
Du hattest bislang nur liebvolle, sinnliche, vertrauensvolle Momente in deinen Beziehungen und du hast diese beendet, weil du nicht mehr das gemeinsame Wachstum erfahren konntest, das für dich in deinem Leben wichtig ist. Du hast die Überzeugung, Männer seien engelsgleiche Wesen und Mut, Zuversicht und Liebe stehen ganz weit oben auf deiner Werteliste.
Was glaubst du, was dann geschehen wird? Ich bin überzeugt, du gehst zu diesem Mann, sprichst ihn einfach selbstbewusst an und holst dir was du willst!
Könnte stimmen, oder?

Ganz egal, um welche Entscheidungen es in deinem Leben geht, stets geschehen diese unbewusst und wir erlangen dann die fixe Überzeugung, was funktioniert und was eben nicht.

Dasselbe gilt auch für deine Beziehungen. Du bist dir absolut sicher, wie dein/e Partner/in ist, weil er/sie sich dir schon lange Zeit so präsentiert hat. Aus diesem Grund glauben viele Liebende, der Partner könne sich niemals ändern. Das stimmt auch, wenn dieser nicht dazu bereit ist.

Doch kannst du deine Überzeugungen über dich ändern und dementsprechend wirst du deinen Partner neu erleben, so, als hätte er sich geändert.

Nun bin ich aber schon zu weit abgeschweift. Im Endeffekt geht es darum, die Unterscheidung zwischen bedingungsloser Liebe und bedingter Liebe zu erkennen.

Der Unterschied zwischen bedingter und bedingungsloser Liebe

Bedingungslose Liebe urteilt nicht, vergleicht nicht, hebt sich nicht über andere, sondern erkennt alles als das Eine an. Bedingte Liebe wiederum stellt die Befriedigung deines Grundbedürfnisses der Liebe dar und stammt lediglich aus deinen Überzeugungen, in denen gespeichert sind, was du benötigst, um dich geliebt zu fühlen. Diese Überzeugungen sind bei jedem Menschen etwas anders.

Ich lade dich ein, dir jetzt die Frage zu stellen, was du benötigst, um dich geliebt zu fühlen?
Muss dein Partner liebevoll sein, treu, mitfühlend, fleißig, mit beiden Beinen auf dem Boden stehend und dennoch romantisch wie Don Juan de Marco?

Wann fühle ich mich geliebt?

_____

_____

_____

_____

_____

Sobald du deine Liebe von irgendeinem Verhalten deines Liebsten abhängig machst, kann ich dir garantieren, dass das nichts mit bedingungsloser Liebe zu tun hat, sondern lediglich die Befriedigung eines deiner emotionellen Grundbedürfnisse ist.

Auch das kann dich glücklich machen, wenn du es für dich ehrlich entscheidest, doch wirst du niemals in das Gefühl der wahren Liebe kommen.

Die emotionellen Grundbedürfnisse

An dieser Stelle finde ich es wichtig, dir kurz zu erläutern, wie diese emotionellen Grundbedürfnisse in deinem Leben wirken und dich immer wieder unbewusst davon abbringen, das scheinbar Richtige zu tun.

Die positive Befriedigung der ersten vier emotionellen Grundbedürfnisse stellt bereits den ersten Schritt dar, um dich endlich die bedingungslose Liebe erfahren zu lassen. Eine Liebe, die niemals urteilt, vergleicht, sich fürchtet oder sich unsicher fühlt, sondern eine Gewissheit darstellt und aus deiner eigenen Kraft geboren wird, aus der Emotion der bedingungslosen Liebe.

Leider gelingt es den wenigsten Menschen, diese Grundbedürfnisse positiv zu befriedigen. Daher ist der erste Schritt, sich bewusst zu machen, auf welche Art und Weise man in diese vier Grundbedürfnisse zu kommen neigt. Du wirst auch erkennen, dass deine Liebe, vielleicht sogar lediglich eine Befriedigung eines deiner Grundbedürfnisse darstellt, und dementsprechend nicht die Liebe ist, von der du stets träumtest.

Möglicherweise wirst du nach den nächsten Seiten erkennen, warum du es nicht schaffst von deinem Partner loszukommen, obwohl du in seiner Nähe schon regelrecht erstickst. Vielleicht wirst du sogar erkennen, dass deine Liebe, entsprungen aus einem Grundbedürfnis, dich dein Leben lang lügen und alles positiv denken hat lassen.

Doch bevor ich auf diese Grundbedürfnisse näher eingehe, habe ich wiederum eine Bitte an dich! Bitte sei ehrlich dir selbst gegenüber und sei ehrlich wie deine Ist-Situation in deiner Beziehung ist. Höre heute damit auf, sämtliche Ausreden zu finden, warum du in keiner glücklichen Beziehung bist, oder warum du glaubst, mit deinem Partner zusammenbleiben zu müssen.

Freunde, meines Wissens nach haben wir ein Leben, ein Leben das es wert ist, gelebt zu werden, mit allem was die Liebe bereithält. Es ist nicht Liebe, wenn du die Lebenszeit deines Partners und auch deine eigene vergeudest, nur weil du glaubst, ihn oder sie nicht verletzen zu dürfen.

Es ist nicht löblich vor Kindern ein Schauspiel abzuliefern, da sie ohnehin fühlen, wie es um eure Beziehung bestellt ist. Es ist nicht liebevoll, sich selbst immer wieder zurückzunehmen, nur damit andere durch dich ihre Grundbedürfnisse befriedigen können. Das einzig Ehrliche ist, dass du endlich damit beginnst, dich an die erste Stelle zu setzen. Dann, und nur dann, bist du ein Segen für deine Familie, deine Freunde, einfach für alle. Höre endlich auf mit dieser Schauspielerei. Dies hat auch nichts mit Egoismus im herkömmlichen Sinne zu tun, solange du deinen Werten und deinem Herzen treu bleibst. Nimm dich endlich einmal als wertvoll an, ohne jedoch andere Menschen zu verletzten. Und falls du dich fragst, wie das gehen kann, lies einfach weiter und du wirst erkennen, dass wahre Liebe anders agiert, als es die meisten Menschen zu wissen glauben.

Die Sicherheit

Ich werde dir nun die vier emotionellen Grundbedürfnisse vorstellen und bitte dich gleichzeitig, diese Erkenntnis in deinem Leben sofort zu reflektieren. Dadurch wirst du erkennen, aus welchem Grund du in einer Beziehung bist und ob du eher positiv zur Beziehung beiträgst oder du eher kontraproduktiv bist und deiner Beziehung und eurem Glück im Wege stehst.

Ich werde dir diese Grundbedürfnisse in Form einer Geschichte erzählen, da es dir so sicher leichter fällt zu erkennen, was ich genau damit meine.

Rita ist gerade einmal 20 Jahre jung und hat sich Hals über Kopf in ihren Traummann verliebt. Noch niemals hatte sie ein Gefühl wie dieses und konnte die Liebe mit allen Facetten, die sie zu bieten hatte, leben. Sie war von Herzen glücklich und wusste, dies muss das Paradies sein. Rita verbrachte sehr viel Zeit mit Tom und sie besprachen schon sehr oft ihre Zukunft. „Wann werden sie heiraten und ihrer Liebe mit einem Sohn oder einer Tochter auch als Familie Ausdruck verleihen?" Sich mit dieser und anderen liebevollen Fragen zu beschäftigen erfüllten ihre gemeinsame Zeit. Tom war Angestellter in einer Firma und eilte nach Dienstende schnell zurück zu seiner Liebsten, um die wertvolle Zeit ihrer Jugend in einer niemals enden wollenden Romanze gemeinsam zu feiern. Sie begehrten einander, liebten sich und Rita konnte sich so richtig fallen lassen, im Wissen, dass Tom ihr vom Schicksal geschenkt wurde um endlich die wahre Liebe zu leben, nach der sie sich, bereits ein Leben lang sehnte.

Doch dann dieser eine Tag, an dem Tom nicht wie gewohnt, sofort nach Dienstende nachhause kam, sondern Rita eine SMS schrieb, mit dem Inhalt, dass er doch länger arbeiten müsse. Rita verstand dies natürlich, da es wichtig war genug Geld für die erste gemeinsame Wohnung zu sparen, um ihre Träume auch Wirklichkeit werden zu lassen. Doch nach einigen Wochen andauernder Überstunden plagte sie schön langsam ein Gefühl, vielleicht nicht mehr wichtig genug für Tom zu sein.

Sie fragte nach was los sei, doch Tom beruhigte sie mit seinem Einsatz für die zukünftigen Familienwünsche, und er müsse ja Geld verdienen gehen.

Bis Rita irgendwann einmal eine SMS von einer anderen Frau auf Toms Handy sah, natürlich absolut ungewollt und zufällig und auf einmal stürzte für Rita die Welt zusammen. Konnte es sein, dass Tom sie betrog, eine andere Frau hatte, eine Affäre hatte? Tausend Gedanken schlichen ihr durch den Kopf.

„Warum macht er das? Liebt er mich nicht mehr? Bin ich nicht schön genug? Kann ich seine sexuellen Bedürfnisse nicht erfüllen oder was ist denn überhaupt los?"

Ein grässliches, lähmendes Gefühl begleitete Rita den ganzen Tag und in der Nacht konnte sie kein Auge mehr zu tun.

Ritas Grundbedürfnis der Sicherheit in der Beziehung war komplett erschüttert, und vielleicht kannst du dir vorstellen, wie das Gefühl ist, wenn du glaubst, deine Liebe zu verlieren und du vermutest, dass eine andere Frau im Spiel ist?

Du kannst noch so gut darin sein, ein Lächeln aufzusetzen und zu versuchen deine Angst zu unterdrücken, doch im Endeffekt frisst dich solch ein Gefühl förmlich auf.

Die Frage in solchen Situationen ist?

Wie kommst du wieder in das Gefühl der Sicherheit? Übernimmst du die volle Verantwortung für die Situation und stellst dich der Realität, die zumeist anders ist, als dir deine Gedanken vorspielen oder neigst du dazu, dich irgendwie abzulenken, indem du vielleicht bügelst, die Küche putzt, Fernsehen gehst oder den ganzen Tag durch ein Buch in eine andere Welt eintauchst?

Die Art und Weise, wie du dieses Grundbedürfnis befriedigst, ist von essentieller Bedeutung. Neigst du eher dazu energievoll zu handeln oder nimmst du Energie in deinem Tun?

Weiters möchte ich dir noch zu bedenken geben, ob du vielleicht mit deinem Partner oder deiner Partnerin zusammen bist, weil er/sie dir das vermeintliche Gefühl der Sicherheit gibt, egal ob finanziell oder emotionell.

Sollte dies der Fall sein, lohnt es sich, sich näher mit dem Grundbedürfnis der Sicherheit zu beschäftigen und eine andere Möglichkeit zu wählen, um es zu befriedigen. Ansonsten wirst du sehr schwer in das Gefühl der bedingungslosen Liebe kommen und ständig in einer Beziehung sein, die dich niemals erfüllt.

Wenn du dein Erfüllen der Sicherheit lediglich in deiner Beziehung findest, bist du von deinem Partner, deiner Partnerin abhängig und dies sollte nicht die Basis einer Beziehung sein.

Die Unsicherheit

Gott sei dank war es bei Rita und Tom nicht das, was Rita vermutete und sie konnte der Unsicherheit in ihrem Leben positiv begegnen. Nach etwa drei Jahren ging Ritas Traum in Erfüllung und Tom hielt romantisch um ihre Hand an. Jetzt schien alles perfekt zu sein. Im Job funktionierte es und ihre einzig wahre Liebe will sein gesamtes Leben an ihrer Seite verbringen. Die

Hochzeit war wunderschön und eine niemals zu enden scheinende Romanze begann.

Mittlerweile sind Rita und Tom bereits seit 10 Jahren zusammen und Rita hat ihr erstes Kind geboren. Nun waren sie eine kleine Familie, also einfach alles, was sich Rita von ihrem Leben erträumt hatte. Tom kam immer pünktlich nach Hause und Rita wusste bereits alles über ihren Mann. Sie wusste, dass Tom niemals seine Schuhe dorthin stellen konnte, wo deren Platz war und sie wusste auch, dass Tom täglich um die gleiche Uhrzeit Sport im Fernsehen sah. Sie kannte ihn in und auswendig. Wie er sie küsste, berührte und wie er mit ihr schlief im kleinsten Detail.
Alles war irgendwie schon total automatisiert und sie machte sich auf einmal Gedanken, ob dies immer so weitergehen würde. Auf einmal schlich sich eine Eintönigkeit in ihr Leben ein. Sie fühlte sich leider nicht mehr wirklich geliebt und lebendig, obwohl es wirklich keinen Grund dafür gab. Tom liebte sie und sagte es ihr auch oft, und dennoch fehlte etwas ganz Bestimmtes in ihrem Herzen. Sie verspürte kaum Leidenschaft, und ihr zweimal wöchentlicher Sex war mehr eine Befriedigung von körperlichen Bedürfnissen, als ein sinnlicher Akt der Verschmelzung. Rita wurde immer frustrierter, weil Tom von all dem nichts wissen und sie ihn auch nicht mit ihren Bedürfnissen belasten wollte.

Um endlich aus dem ganzen Trott herauszukommen, pflegte sie sich einmal monatlich mit ihren Freundinnen zu treffen, um endlich wieder Spaß und Abwechslung in ihr Leben zu bringen. Das ständige Mama und Hausfrau sein war schön, aber sie verspürte so einen Drang nach mehr, eine Suche nach dem fehlenden Puzzleteil, um endlich wieder glücklich zu sein. Tom verstand oft nicht, was sie mit ihren angedeuteten Gesprächen herbeiführen wollte, war er doch selbst zufrieden mit der Art und Weise wie sie lebten.

Doch in Rita brannte ein Verlangen nach Lebendigkeit.

Eines samstags, als sie wieder mit ihren Freundinnen unterwegs war und leicht über den Durst getrunken hatte, konnte sie nicht wie so oft, die Anmachsprüche von anderen Männern ignorieren.

Es fiel ihr schwer, ihren herablassenden „ich bin vergeben" Blick beizubehalten und fing ein Gespräch mit einem gut, aussehenden Mann an. Sie fühlte sich irgendwie anderes an diesem Tag, fühlte sich wieder wahrgenommen, begehrt, attraktiv und besonders. Gefühle, die sie schon seit Jahren nicht mehr spüren konnte. Der Mann wollte mehr von ihr und pflegte mit seinen Worten zielsicher ihr Herz zu treffen, solange bis der Pfeil direkt ins Schwarze traf und sie sich küssten. Ein Gefühl von Lebendigkeit begleitete diesen Kuss und in diesem Moment vergaß sie alles, was das normale Leben zu sein schien. Doch nach einigen Sekunden kamen ihr wieder die Gedanken an ihren Mann und an ihre Tochter. Sie schreckte zurück und lief alleine den langen Weg nach Hause, brach vor der Haustüre in Tränen aus und fühlte sich erbärmlich.

Wiederum bitte ich dich, zu überlegen, wie du in das Grundbedürfnis der Unsicherheit (Abwechslung) kommst, wenn du dich nicht mehr lebendig fühlst. Belebst du deine Beziehung, indem du gemeinsam mit deinem Partner für Abwechslung sorgst, oder holst du dir dieses Grundbedürfnis wo anders?

Willst du deine Beziehung zum Erblühen bringen und gemeinsam mit deinem Partner wachsen? Dann sorge dafür, dass du dich lebendig fühlst und teile das mit deinem Partner.

In Bezug auf das Thema „bedingte Liebe" könnte es leicht sein, dass du dich in einen Menschen verliebst, weil er dir anfangs ein extrem tolles energetisches Gefühl der Lebendigkeit beschert. Dies ist für dich sehr wichtig, da du nur durch diese Unsicherheit ein inneres Wachstum erfährst. Es ist jedoch niemals ratsam, dieses Grundbedürfnis außerhalb deiner Beziehung zu suchen, sondern die Initiative zu ergreifen und für Abwechslung in deiner Beziehung zu sorgen.

Keine Sorge, dein Partner wird nach anfänglicher Verwunderung mit voller Leidenschaft mit dabei sein. Das Erfüllen dieses Grundbedürfnisses hat allerdings nichts mit bedingungsloser Liebe zu tun, sondern ist lediglich nur die Befriedigung eines Grundbedürfnisses.

DIE BEDEUTUNG

Rita entschied sich nach diesem Ausrutscher schweren Herzens mit Tom zu sprechen und ihm alles zu beichten. Tom war wütend und enttäuscht und drohte ihr mit einer Trennung. Die nächsten Tage waren einfach nur ein Horror für Rita. Doch irgendwann beruhigte sich Tom und verzieh seiner geliebten Frau. Er verstand, dass diese Aktion nicht von irgendwoher kam, sondern auch er unbewusst einen gewissen Beitrag dazu geleistet hatte. Ihre Beziehung normalisierte sich wieder. Rita und Tom fanden eine Möglichkeit mehr Abwechslung, mehr Leidenschaft, mehr Feuer in ihr Liebes- und Beziehungsleben zu bringen. Alles schien wieder zu funktionieren und das junge Paar fühlte sich wieder eng miteinander verbunden und war glücklich.

Auch die Karriere von Tom ging steil bergauf. In nur wenigen Jahren stieg er in die Führungsebene des Unternehmens auf, in das er die meiste Zeit seines Lebens investierte. Tom war stolz auf sich und fühlte sich erfolgreich und stark. Auch Rita schätze sehr, welches Leben beide durch den Erfolg von Tom genießen konnten. Tom protze auch niemals mit seinem Erfolg, sondern ließ seine Frau stets an allen wichtigen beruflichen Entscheidungen teilhaben, um gemeinsam als Familie die Richtung zu finden, wo es hingehen solle.

Es war ein ganz normaler Freitag, als Tom mit verzweifeltem Gesicht nach Hause kam und in sich schwieg. Rita wollte wissen was denn los war, doch Tom winkte stets ab und zog sich zurück. Nach einigen Stunden erfuhr Rita jedoch den Grund seines Missmutes. Er wurde gekündigt, genau jetzt, wo alles perfekt schien. Jahrelang gab er alles für dieses Unternehmen und dennoch wurde er entlassen. Tom verstand die Welt nicht mehr und war völlig am Boden zerstört. Auch die aufmunternden Worte seiner geliebten Frau prallten völlig von ihm ab und er zog sich immer weiter zurück.
Im Bewusstsein, dass seine Karriere nun völlig den Bach hinunter gegangen war, wurde Tom immer frustrierter und zurückgezogener. Er fühlte sich

hintergangen, benutzt und betrogen und kam einfach nicht aus diesem Gefühl heraus. Möglicherweise wollte er dies auch nicht?

Die gesamte Beziehung von Rita und Tom veränderte sich. Tom wurde immer kühler in seinen Gefühlen und war nicht mehr der herzliche Mensch, in den Rita sich verliebte. Die Gespräche zwischen den beiden waren eher ein Herumkommandieren von Tom, sowie Schuldzuweisungen und Frustrationen. Tom veränderte sich rapide und wurde ein sehr dominanter Mensch, gab auch Rita eine gewisse Schuld und ihre Beziehung schien am Boden.

Nach monatelanger erfolgloser Arbeitssuche verfiel Tom dem Alkohol und das Leben mit Tom wurde für Rita immer unerträglicher.

Nichts mehr von Zärtlichkeit, Verständnis oder Leidenschaft, sondern nur noch Fordern und Verurteilen. Obwohl Rita gar keine Schuld an der Situation hatte, begann sie, sich schuldig zu fühlen. Sie versuchte die Bedürfnisse ihres Mannes so gut es ging zu befriedigen, obwohl diese Bedürfnisse nichts mit ihren eigenen gemein hatten. Es war einfach schrecklich, denn von ihrer traumhaften Beziehung war nur sehr wenig geblieben. Viel eher musste sie für Tom funktionieren, damit er nicht aggressiv oder noch depressiver wurde.

Jeder, wirklich jeder Mensch braucht das Grundbedürfnis der Bedeutung, möchte etwas Besonderes sein, einzigartig sein. Sehr oft befriedigen Menschen dieses Bedürfnis durch ihre Arbeit. Sie bekommen Bestätigung und Anerkennung für ihr Tun. Das ist mitunter auch ein Grund, warum Menschen, wenn sie in die Rente gehen, in eine gewisse Antriebslosigkeit oder sogar Depression verfallen. Sie fühlen sich nicht mehr gebraucht und unwichtig.

Das Erfüllen dieses Grundbedürfnisses ist für jeden Menschen essentiell. Aus diesem Grund versucht der Mensch unbewusst eine andere Möglichkeit zu finden, um sich wieder bedeutend zu fühlen. Hierzu ist das Dominieren von anderen Menschen oder Schuldzuweisung die wohl einfachste, aber auch negativste Möglichkeit, um sich wieder bedeutend zu fühlen.
„Wenn ich dich schlecht mache stehe ich vermeintlich besser da als du."

Leider wird diese Art und Weise der Erfüllung dieses Bedürfnisses in unsere Welt sehr oft praktiziert und trägt zum Leid sehr vieler Menschen bei.
Es gibt aber auch andere Möglichkeiten wie man sich zwischenmenschlich bedeutend fühlen kann. Es gibt

Menschen, deren einziger Lebensinhalt darin besteht, für den Partner oder die Partnerin zu leben. Sobald eine Beziehung zu Bruch geht, fühlen sie sich wertlos. Falls du fühlst, dass es bei dir oder deinem Partner so ist, finde eine andere, bessere Möglichkeit, um dich bedeutend zu fühlen. Viele Frauen wählen unbewusst die Möglichkeit ein Kind zu bekommen, um dieses Bedürfnis zu leben. Sobald man sich nämlich um jemanden kümmern muss, fühlt man sich natürlich wichtig für diesen Menschen. Mitunter ist dies ein entscheidender Faktor, weshalb viele Mütter nach dem Erwachsen werden ihrer Kinder in eine Traurigkeit oder sogar Depression verfallen, weil sie sich nicht mehr gebraucht, nicht mehr bedeutend fühlen.

Doch hat auch dies, einfach nichts mit bedingungsloser Liebe gemein, da es gewisse Voraussetzungen braucht, um zu lieben und sich geliebt zu fühlen. Sehr viele Menschen verweilen in Beziehungen aufgrund des Bedürfnisses gebraucht zu werden und verwechseln dies mit Liebe.

DIE LIEBE

Rita war vollkommen unglücklich und zutiefst verletzt und frustriert. Ganz egal was sie versuchte, Tom wollte oder konnte sich einfach nicht mehr ändern. Lange Zeit steckte sie alle ihre Bedürfnisse zurück. Sie verzichtete auf ihr geliebtes Yoga und auch für Sport sah sie keine Möglichkeit mehr, da Tom sie stets verurteilte, wenn sie das Haus verließ. Sie funktionierte nur noch für ihre Tochter und ihren Mann, damit sie ihre kleine Familie zusammenhalten konnte.

Niemals gab es Momente, in denen sie Zeit für sich hatte und ihre Bedürfnisse an erster Stelle standen. Ihre geliebten Abende mit ihren Freundinnen gehörten schon längst der Vergangenheit an. Nach einigen Monaten der Frustration rappelte sich Tom wieder auf und fand einen neuen Job. Rita hoffte, wieder das Leben führen zu können, wie sie es vor Toms Entlassung gelebt hatten. Und es schien zu funktionieren. Tom war wieder motiviert, sein Leben selbst in die Hand zu nehmen. Er achtete wieder auf sein Aussehen, auf die Kommunikation mit Rita und wurde von Woche zu Woche glücklicher. Keine Spur mehr von Herumkommandieren, Verletzungen oder Verurteilungen. Es ging endlich wieder bergauf.

Doch die letzten Monate hatten im Herzen von Rita Narben hinterlassen. Obwohl Tom anscheinend wieder der alte war, tat sie sich schwer auf liebevolle Worte oder Zärtlichkeiten von ihm zu reagieren oder diese zu erwidern. Auch die Worte der Liebe, sowie

Komplimente verspürte sie vielmehr als Nettigkeit und Schmeichelei, statt sie überhaupt ernst nehmen zu können. Beim Blick in den Spiegel sah sie nicht mehr die wunderschöne Frau, die sie einst gewesen war, sondern ein lebloses Abbild ihrer selbst.

In der frustrierenden Zeit mit Tom hatte sie 7 kg zugenommen und ihr Körper hatte für sie nichts Schönes mehr zu bieten. Intime Stunden voller Leidenschaft und Liebe waren für sie vielmehr ein Funktionieren für Tom. Sie spielte vielmehr beim Sex, um Tom damit zu befriedigen.

Leider hatte sie auch keine Sehnsucht mehr sich hübsch zu machen und obwohl es wieder möglich gewesen wäre, Zeit mit ihren Freundinnen zu verbringen oder mit Sport zu betreiben, hatte sie einfach keine Lust mehr dazu. Sie fühlte sich hässlich und allein und ganz egal, welche liebevollen Worte Tom oder andere Menschen für sie parat hatten, sie empfand diese Worte höchstens als Schmeichelei, ohne an deren Aufrichtigkeit zu glauben.

Rita war im Herzen tief verletzt. Obwohl sie versuchte, sich wieder ganz zu öffnen, wehrte sich stets etwas in ihr. Früher war sie von ganzem Herzen glücklich, doch nun konnte sie diese Liebe mit all der Leidenschaft nicht mehr zulassen. Sie fühlte sich nicht mehr wertvoll, obwohl sie dies oft gesagt bekam, sie fühlte

sich nicht mehr attraktiv und sie spürte nicht nur einmal das Gefühl innerer Leere in sich.
Es war einfach nicht mehr wie früher, und aus der „wahren Liebe" wurde eine Beziehung, wie sie diese schon von ihren Freundinnen und Bekannten kannte. Oft wusste sie nicht einmal mehr, ob sie Tom überhaupt noch liebte.

Jeder Mensch hat das Grundbedürfnis der Liebe und jeder Mensch findet eine Möglichkeit, dieses Grundbedürfnis zu befriedigen. Doch stellt sich hier wiederum die Frage, auf welche Art und Weise man in dieses Grundbedürfnis gelangt, ob es energievoll für sich und den Partner ist, oder eher energieraubend. In unserer Geschichte war es für Rita nach all den Verletzungen nicht mehr möglich, dieses Grundbedürfnis mit Tom zu befriedigen, da Liebe aus viel mehr besteht und entsteht, als nur aus lieben Worten und Taten. Vielmehr kann man nur dann Liebe empfinden, wenn man sich selbst als wertvoll erachtet und sich selbst mit allem, was man ist, lieben kann. Nach Erfahrungen, wie sie Rita machte, neigen die meisten Menschen dazu, eine eher negative Art und Weise zu wählen, um das Grundbedürfnis der Liebe zu befriedigen. Sie fangen bei anderen an zu jammern, manche Menschen schaffen sich ein Haustier an, andere wiederum „erschlagen" ihre Kinder mit ihrer

Liebe und wieder andere, so schrecklich sich das anhört, werden krank.

Man will es oft nicht wahrhaben. Wie auch? Man hat es nirgends gelernt, dass durch Krankheit das Grundbedürfnis der Liebe per Excellence erfüllt wird. Was geschieht nämlich, wenn wir krank sind? Andere Menschen haben mit uns Mitgefühl, und das ist eine große Ausdrucksform der Liebe.

LEBST DU BEDINGUNGSLOSE LIEBE ODER ERFÜLLST DU LEDIGLICH EIN GRUNDBEDÜRFNIS

Ich bitte dich nun, die Geschichte von Rita und Tom im Hinblick auf dein Leben zu überdenken und dir die Frage zu stellen, ob du deinen Partner wirklich bedingungslos liebst, oder ob dein Partner lediglich eines dieser Grundbedürfnisse in dir befriedigt.

Ist es für dich wichtig, dich sicher zu fühlen und gibt er/sie dir diese Sicherheit? Liebst du es, eine abwechslungsreiche, abenteuerliche Beziehung zu haben und gibt dir dein Partner, deine Partnerin diese Möglichkeit?
Fühlst du dich einzig und allein durch deine/n Partner/in bedeutend und wichtig, oder wäre dieses Bedürfnis auch gestillt, wenn du auf einmal Single wärst?

Kannst du deinen Mann oder deine Frau bedingungslos lieben, ganz egal ob dein Partner dich betrügen, hintergehen oder deine Art und Weise, wie du dich geliebt fühlst, nicht mehr erfüllen würde?

In den meisten Beziehungen wird eher ein bedingtes Gefühl der Liebe gelebt. „Ich liebe dich, wenn du dieses oder jenes tust oder unterlässt. Du musst treu sein, einfühlsam sein, leidenschaftlich sein, mitfühlend sein, gut zuhören können und dergleichen."
Die Anforderungen, damit wir einen Partner lieben können, und diese Liebe auch annehmen können, sind schier grenzenlos. Und doch solltest du dir die Frage stellen. „Ist diese Liebe wahrlich echt und bedingungslos?"

Vielleicht kommen dir jetzt Gedanken, dass jeder gewisse Anforderungen stellt, um in einer Beziehung glücklich zu sein. Ich kann dir zu einhundert Prozent zustimmen, nur können diese Anforderungen auch in einem anderen Bereich, im Bereich der Authentizität, der erbarmungslosen Ehrlichkeit, der Selbstliebe und dergleichen angesiedelt sein.
Liebe, welche als Basis die Erfüllung von Bedingungen in sich trägt, wird dich niemals auf Dauer glücklich machen, denn es ist für deinen Partner unmöglich,

täglich hellsichtig zu sein und zu wissen, was du genau brauchst, damit du dich geliebt fühlst.

Manchmal wünschst du dir mehr Zeit mit deinem Partner und manchmal willst du eher deine Ruhe haben. Möglichweise sehnst du dich nach einer kleinen Aufmerksamkeit, dann wiederum, willst du wieder absolut frei sein und deinen Interessen nachgehen.

Liebe, basierend auf der Erfüllung der Bedürfnisse, ist sehr anstrengend für beide Partner. Aber was können wir tun?

Kultiviere für dich die bedingungslose Liebe

Die einzige Möglichkeit, alles in deinem Leben zu verbessern und deine Partnerschaft mit neuer Leidenschaft zu beleben oder auch einen neuen Partner zu finden, falls du gerade Single bist, ist es, bedingungslose Liebe in sich zu tragen und diese täglich zu kultivieren. Diese Liebe muss stets mit Energie versorgt werden, so wie ein Samenkorn täglich Nahrung braucht, um sich zu entfalten. Du kannst nur fühlen, was bereits in dir ist, und du kannst nur finden, was du bereits bist. Alles andere sind Illusionen und Luftballons, die immer wieder platzen werden. Sei du diese Liebe, die du dir von deinem Partner, deiner Partnerin oder auch Zukünftigem/r wünschst.

Fühle dich im Reinen mit dir, im Wissen, dass diese Reinheit deine Sehnsucht nach der Liebe von außen vollkommen erfüllen wird. An dem Tag, an dem du niemanden mehr brauchst, um dich geliebt zu fühlen, wirst du deine wahre Liebe leben und diese auch in deiner Beziehung erfahren. Die Hoffnung, dass sich das andere Geschlecht ändern wird, dass sich dein/e Partner/in ändern wird, ist eine Illusion und nicht nur das. Auch wenn sich diese/r ändern würde, könntest du diese Änderung gar nicht wahrnehmen, da du immer nur das fühlen kannst, was du bereits in dir verankert hast.

Du musst in dir ein Resonanzfeld der bedingungslosen Liebe erzeugen, um es authentisch nach außen und innen leben zu können. Ab diesem Zeitpunkt gibt es nur mehr einen Faktor, der dich von deinem Traum abhält. Dieser Faktor ist die Zeit, welcher sich aber dann, wenn du dich gefunden hast, nicht mehr auf dein Glück auswirkt, sondern dich vielmehr ein Gefühl der Vorfreude empfinden lassen wird.

Sei du der Mensch, der sich mit allem, was er ist, lieben kann und wertvoll ist.

Zu dieser Aussage darf ich dich aber bitten, nicht einen gravierenden Fehler zu machen, wie er leider sehr oft vorkommt.

Oft verstehen Menschen in der Aussage „Ich bin wertvoll und ich liebe mich" einen gewissen Egoismus. Dieser schlägt sehr schnell, wenn du nicht aufpasst, auf das Grundbedürfnis der „Bedeutung" um. „Ich liebe mich und darum muss der Partner sich an meine Spielregeln halten!"

Das, meine Freunde, hat aber rein gar nichts mit dem zu tun, was die bedingungslose Liebe belebt. Zu so einer Haltung neigen oft Menschen, die in der Partnerschaft verletzt wurden oder andere Enttäuschungen erlebten, wie zum Beispiel ausgenutzt zu werden oder dergleichen.

Niemals darfst du etwas machen, was gegen deine Werte verstößt, niemals darfst du es zulassen, dass dich jemand ausnutzt, denn dies wirkt sich intensiv auf deinen Selbstwert aus. Doch ist die Art und Weise, wie du in solchen Momenten empfindest und handelst, entscheidend.

Ich kann auch liebevoll und vollkommen ruhig und bestimmt „NEIN" sagen, ohne den anderen Menschen in dieser Situation zu verurteilen oder zu verletzten. Die Unterscheidung zwischen Egoverhalten, welches stets mit deinen Erfahrungen vergleicht, und das Leben und Abgrenzen deiner Werte ist oft ein schmaler Grat, welcher sich dann auflöst, wenn du in dir selbst angekommen bist. Dies wird dann geschehen, wenn du die Liebe in dir gefunden hast und diese auch täglich pflegst.

Bedingungslose Liebe leben

Ich hoffe, ich konnte dir in den vorangegangenen Seiten beschreiben, warum es für deine Partnerschaft, deine Beziehungen und vor allem für dich selbst essentiell ist, bedingungslos lieben zu können. Durch dieses Gefühl wird in dir eine ungeahnte Freiheit entstehen und eine Sensibilität all deiner Sinne, die das Fühlen bis in die Unendlichkeit bringen wird. Du wirst wissen, wer du bist und dieses Wissen leben, mit jeder Faser deines Körpers. Du wirst wahrnehmen, welche Schönheit dich umgibt und emotionelle Ekstasen erleben. Du wirst vor Leidenschaft weinen können und dich tief in deinem Herzen berühren lassen. Du wirst keine Angst mehr davor haben, dich auf Menschen einzulassen, da du die Liebe in dir gefunden hast und diese mit deinen Werten lebst. Du wirst all das sein, wonach sich dein Herz ein Leben lang sehnte.

Du wirst verstehen, erkennen, fühlen und tun.

Ich zeige dir auf den nächsten Seiten wie du diese Selbstbestimmtheit, kombiniert mit der Freiheit zu sein, wer du wirklich tief in deinem Herzen bist, erreichen kannst. Dafür lade ich dich ein, dich ein wenig anzustrengen, da es oft nicht so leicht ist, neue Gewohnheiten ins eigene Leben zu integrieren.

Unser Unterbewusstsein neigt stets dazu, gegen neue Umstände zu rebellieren und wird dir in Form deiner Gedanken stets Möglichkeiten erklären, warum du besser damit aufhören solltest. Wie schon ganz am Anfang beschrieben, kannst du nur das denken und fühlen, was jetzt in deinen Erfahrungen und Überzeugungen gespeichert ist. Nur das ist für dein Bewusstsein als realistisch wahrnehmbar, alles andere eine Utopie.

Wenn du wirklich bereit bist, bedingungslos lieben zu wollen, bitte ich dich diese Gedanken zu ignorieren und einfach dieser Anleitung praktisch zu folgen. Wissen, mein/e Freund/in, nützt dir rein gar nichts, du musst es tun.

Nur dann nimmt dein Gehirn über deine Sinne auf, dass etwas anders ist, als gewohnt. Wenn du das für mindestens fünf Wochen durchziehst, wird es tief in deinem Unterbewusstsein gespeichert sein und du wirst eine neue Realität erschaffen haben. Aber nur dann, wenn du es wirklich durchziehst.

Die Praxis

Zu allererst ist das Verstehen sehr wichtig, dass dein Bewusstsein, also was du denkst und über deine Sinne wahrnimmst, nur einen sehr kleinen Teil der Wirklichkeit darstellt. All unsere Gedanken und Gefühle, und die daraus resultierenden Handlungen, basieren auf dem, was du im Laufe deines Lebens bewusst oder unbewusst gelernt hast.

Der Versuch, nur in deinen Gedanken eine Veränderung hervorzurufen, wird genau aus diesem Grund niemals funktionieren. Wenn du in deinem Leben etwas verändern willst, dann ist es zielführend, zu allererst an deinen Überzeugungen zu arbeiten, um über diese und die positive Erfüllung der emotionellen Grundbedürfnisse zu deinem wahren Ich zu kommen, welches weise Menschen als das Selbst bezeichnen. Ich verwende lieber den Satz: **„Du hast dich gefunden."**

Um das leben zu können, lade ich dich ein, mutig zu sein und keine Angst davor zu haben, anderen Menschen das zu zeigen, was du wirklich bist, mit all deinen Stärken, aber auch all deine Schwächen. **Authentizität** ist das Wort, welches diese Eigenschaften beschreibt.

Es ist mir durchaus bewusst, dass das sehr schwer ist und man durch seine Vergangenheit nicht so einfach sagen kann, ich zeige jetzt alle Facetten meines Seins. Aus diesem Grund werde ich dir nachfolgend Möglichkeiten beschreiben, wie du stark genug wirst, um es zu schaffen oder besser gesagt, du gar keine Stärke mehr benötigst, weil dein Bewusstsein sich sehr verändert hat.

Es macht es aber keinen Sinn, Liebe und Selbstwert auf die gängige Art und Weise, wie zum Beispiel Affirmationen oder positivem Denken erreichen zu wollen, da es nicht möglich ist, sein Unterbewusstsein zu belügen.
Vielleicht hast du schon einmal versucht dir etwas einzureden. Ich weiß, das schaffst du höchstens zwei Wochen, da dir dein Unterbewusstsein stets den Istzustand präsentieren wird. Irgendwann ist der Konflikt zwischen Sollzustand und Istzustand so groß, dass sich das eher negativ, frustrierend auswirken wird.

Doch welche Möglichkeiten haben wir, unsere Überzeugungen zu ändern und auf unser Unterbewusstsein positiv Einfluss zu nehmen?

Ich möchte es dir anhand eines Kindes genauer beschreiben.

Vielleicht bist du Mutter oder Vater, dann fällt es dir leichter, folgendes zu überlegen und falls nicht, geh einfach einmal auf einen Spielplatz und beobachte bewusst Kinder in ihrem Tun.

Kinder leben in den ersten Lebensjahren im sogenannten Alphazustand. Dies bedeutet, dass das Gehirn dieses kleinen zarten Wesens nicht bewertet und nicht vergleicht (wie auch - das Kind hat ja noch keine Erfahrungen in sich).

In diesem Zustand ist ein Kind voll beeinflussbar, da es ohne zu hinterfragen alles ins Unterbewusstsein aufnimmt und dadurch eine Funktionsweise des Lebens für sich lernt. Wenn zu dieser Zeit viele Aspekte des Mangels oder des Leides auf das Kind einwirken, kannst du dir mit Sicherheit vorstellen, dass das unverantwortlich unseren Kindern gegenüber ist. Aber über dieses Thema werde ich bald ein extra Buch auf den Markt bringen.

Jetzt, zu diesem Zeitpunkt, ist es für mich wichtig, dass du verstehst, wie Kinder „funktionieren". Kinder sind zumeist im Hier und Jetzt. Wenn sie spielen, dann spielen sie. Wenn sie weinen, ist der Schmerz unendlich. Wenn sie glücklich sind, ist die Freude grenzenlos. Nun bitte ich dich zu bedenken, wie man einem Kind etwas beibringt.

Es gibt zwei Möglichkeiten: Entweder, man erklärt etwas mit Worten und Wissen, was nicht selten nach hinten losgeht.

Wie oft hast du deinem Kind schon gesagt, dass es zum Beispiel etwas nicht machen soll und es hat leider nicht gefruchtet. Die andere Möglichkeit wäre, du lebst es vor. Diese Variante ist wohl die bessere, wie du mir sicher beipflichten wirst.

Lerne von dir

Genau auf diese Art und Weise lade ich dich ein, mit dir zu arbeiten. Auch du hast einen Teil in dir, der völlig kindlich funktioniert und auch agiert. Dieser Teil reagiert auf Handlungen, welche von außen auf dich einwirken und aus diesem Grund ist die schnellste und effektivste Möglichkeit, um sich selbst zu finden, das Präsentieren einer neuen Wirklichkeit im Außen.

Durch eine kleine Veränderung deiner Gewohnheiten, und das für die Mindestdauer von fünf Wochen, wird dein Gehirn in Zusammenarbeit mit deinen Sinnen, diese neue Wirklichkeit als Wahrheit in deinem Unterbewusstsein verankern.

Das wiederum bewirkt in dir andere Überzeugungen, die dementsprechend andere Gefühle und Gedanken erzeugen. Logisch oder ☺

Nur wie machen wir das?

Lebe dir ein neues Leben vor, ganz so, als ob du dies für dein Kind machen würdest.

Aspekte der Liebe

Das Wort Liebe ist ein sehr großes, machtvolles Wort, das all das beinhaltet, wonach sich Menschen sehnen. Für die praktische Umsetzung ist es jedoch essentiell, die Liebe in Teilbereiche zu unterteilen. (ziemlich unromantisch – ich weiß)
Hier meine ich die Ausdrucksformen der Liebe, anderen aber auch dir selbst gegenüber. Wenn du es schaffst, dir Liebe in den unterschiedlichsten Ausdrucksformen zu präsentieren, werden sich deine Überzeugungen ändern.

Aspekte der Liebe sind:

1. Leidenschaft
2. Harmonie
3. Verletzlichkeit
4. Dankbarkeit
5. Schönheit
6. Vertrauen
7. Mitgefühl
8. Inspiration
9. Innere Ruhe
10. Friede
11. Verrücktheit
12. Berührungen
13. Hingabe
14. Achtsamkeit
15. Worte der Liebe, um nur einige zu nennen.

In diesem Buch werden wir uns mit den Eigenschaften der Liebe beschäftigen, die laut meiner Erfahrung die schnellsten Veränderungen in deinem Unterbewusstsein bewirken.

Die Schönheit

Ist es dir möglich, die Schönheit dieser Welt zu erkennen? Mit all ihren Geheimnissen, die sehnsüchtig darauf warten entdeckt zu werden?

Dein Fokus bestimmt die Qualität dessen, was du in deinem Leben erkennen kannst. Dies hat mit der Art und Weise zu tun, wie dein Gehirn sämtliche vorhandene Informationen auf einige wenige, deinem Fokus entsprechende, reduziert. Heute lade ich dich ein, die Schönheit dieser Welt bewusst wahrzunehmen. Wie du mit Sicherheit weißt, gibt es mehrere Arten, Schönheit zu erkennen. Schönheit, die du über deine Sinne aufnehmen kannst oder Schönheit, welche du tief in deinem Herzen fühlst, wenn du mit einem Menschen Kontakt hast, dessen Inneres dich von ganzem Herzen berührt.
Schönheit im Allgemeinem, ist eine schlafende Kraft, welche sich dann in deinem Leben entfaltet, wenn du sie durch dein Bewusstsein erweckst. Wenn ich über die Qualität der Schönheit schreibe, hat dies wenig mit dem normalen, gängig gebrauchten Ausdruck zu tun, dass etwas schön ist.

Es geht vielmehr um einen Aspekt, der in dir ein unermesslich großes, sinnliches Gefühl entstehen lässt, das dich wie eine Blume zum Erblühen bringt. Ein Seins-Zustand, den man nicht mit einzelnen Worten beschreiben kann.
Ein Zustand tiefster Berührung mit dir selbst.

Schönheit hat viel mehr Kraft, als wir ihr zumeist zugestehen, da sie dich fesseln wird, wenn du bereit bist, diesen Aspekt der Liebe zu kultivieren.

Die Schönheit, die du über deine Sinne aufnehmen kannst, solltest du zu allererst beobachten, um eine Gewohnheit daraus zu machen. Wie schon vorher in diesem Buch erwähnt, geht es stets darum, deinem urteilenden, vergleichenden Gehirn eine andere Verhaltensweise zu präsentieren, um diese neue Wirklichkeit dauerhaft in dein Unterbewusstsein zu transferieren.

Mache dir ab heute bewusst, wie viel Schönheit dich umgibt und lerne wieder zu staunen. Ich wünsche mir für dich, dass es dir wieder gelingen möge, wie ein Kind die Welt zu beobachten und mit staunendem Gesicht, die Schönheit dieser Welt zu erkennen. Damit dir dies gelingen kann, bitte ich dich, für die nächsten fünf Wochen Abstand von den etwaigen Medien zu nehmen.

Höre damit auf, Zeitungen zu lesen oder Fernseh- und Radioberichte zu hören, die dir täglich beschreiben, wie gefährlich und schrecklich diese Welt ist.

Dies hat nichts mit Verleugnung der Tatsachen zu tun, sondern lediglich mit einer Pflege deiner Beobachtungsgabe für die Schönheit dieser Welt. Es nützt rein gar nichts, wenn du versuchst, einmal täglich Schönheit zu erkennen und die andere Zeit deines Tages wirst du mit den schrecklichsten Ereignissen konfrontiert, welche dann in dir unbewusst gegen diese Veränderung, die du gerade vollziehst, ankämpfen.

Wenn du es schaffst Schönheit mit ganzem Herzen zu erkennen, wird diese Qualität tief in dir gespeichert sein. Somit wirst du nach dem Gesetz der Anziehung immer mehr davon in dein Leben ziehen.

Ich lade dich nun ein, dich dafür zu entscheiden, täglich mindestens zwei Momente der Schönheit für dich zu erschaffen. Davon einen Moment, in dem du Schönheit mit deinen Sinnen aufnimmst und einen Moment, in dem du innere Schönheit beim anderen Geschlecht erkennen kannst.

Um dies zu erreichen bitte ich dich, wirkungsvoll mit dir zu kommunizieren und dir selbst zu sagen, dass du jetzt, in diesem Moment, Schönheit erkennst.

Unser Gehirn, deine Bewusstheit, ist täglich so vielen Informationen ausgesetzt und aus dieser Reizüberflutung können wir nur dann entkommen, wenn du dir bewusst sagst: „Jetzt sehe ich Schönheit" und dir selbst in Gedanken oder durch deine Worte beschreibst, welche Schönheit du gerade aufnimmst.

Erkenne wieder die Schönheit der Natur, blicke wieder mit staunendem Gesicht auf eine Blume, welche sich für dich mit ihren Blüten öffnet. Nimm wieder wahr, wie verspielt die Vögel durch den Himmel fliegen und miteinander ihr Leben in Freiheit genießen. Beobachte Kunst, höre dich erhebende Musik und lass wieder zu, dass dich die Schönheit dieser Welt berührt.

Je öfter und bewusster du dich mit solchen Aspekten beschäftigst, desto schneller wird die Schönheit in deinem Leben manifestiert werden und all das, was du als Überzeugung in dir gespeichert hast, wirst du in deinem Leben wahrnehmen. Mache das mindestens zweimal täglich und du wirst in wenigen Tagen die Welt mit anderen Augen sehen können.

Ein weiterer Aspekt, der für Beziehungen und das Kennenlernen eines neuen Partners essentiell ist, stellt die Bewusstheit über die innere Schönheit eines Menschen dar. Mit innerer Schönheit meine ich viel mehr als „nur" schöne Eigenschaften, die ein Mensch in sich trägt, sondern das Erkennen der Quintessenz des anderen, welche du durch ein mitfühlendes Herz erkennen wirst.

Hierzu darf ich dir eine kurze Geschichte aus meiner Arbeit erzählen:

Schönheit erkennen trotz Schmerz

Vor Jahren kam eine junge Frau zu mir, dir mir ihr Herz öffnete und mir erzählte, dass sie einen tiefen Schmerz in sich trägt. Sie wurde vor Jahren mehrfach vergewaltigt und gedemütigt.
Dass dies wohl eines der schrecklichsten Erlebnisse für eine Frau ist, kann sich mit Sicherheit jeder vorstellen. Sie hasste Männer von ganzem Herzen und der Schmerz war für sie kaum zu ertragen. Sie versuchte alles, um diesem Schmerz Einhalt zu gebieten. Therapiesitzungen bei Psychologen, Zusammentreffen mit anderen Opfern und dergleichen. Doch nichts konnte ihren Schmerz lindern.

Es war nicht nur der seelische Schmerz der Demütigung und der körperliche Schmerz, der daraus resultierte, sondern auch die starke Sehnsucht nach Liebe und Vertrauen. Sie wollte unbedingt einen Mann kennen und lieben lernen, der ihr Herz wieder ganz machen konnte, um wieder ein normales Leben führen zu können.

Nach etwa sechswöchiger Zusammenarbeit enzschloss ich mich, mit ihr einen Praxistest durchzuführen und lud sie in eines der schrecklichsten Lokale für Frauen ein, dass man sich vorstellen kann. Dieses Lokal war dafür bekannt, nicht der gemütlichste Ort für Menschen mit einem schwachen Selbstbewusstsein zu sein, da es immer wieder zu Raufereien und Streitigkeiten kam. Dass über neunzig Prozent der Gäste Männer waren, ist wahrscheinlich selbsterklärend.
Nach mehrmaligem Schildern ihres verständlichen Unbehagens überwand sich diese junge Frau und setzte sich mit mir mitten in das Lokal, im tiefen Vertrauen in mich.
Ich bat sie, genau jetzt Schönheit zu erkennen und sie entgegnete verständlicherweise, dass es hier keine Schönheit gibt und sie schnell wieder von diesem Ort fort möchte. Ich war beharrlich und sie entschied sich, einen Versuch mit mir zu wagen.

Sie solle sich einen Mann aussuchen und mir von ihm erzählen. Anfangs mit geöffneten, später mit geschlossenen Augen. Vielleicht kannst du dir vorstellen, welche Überwindung dies ist, die Augen in einer unsicheren Umgebung zu schließen und somit die letzte Kontrolle über die Umgebung zu verlieren. Sie vertraute mir und tat es. Sie suchte sich den Kellner aus, der aussah, als ob er einen ziemlich frustrierenden Tag gehabt hätte und einen nicht wirklich vertrauenswürdigen ersten Eindruck machte. Ich stellte ihr Fragen, wie zum Beispiel, was sie glauben würde, wie sich dieser Mann heute fühlt? Sie antwortete mir und ich fragte weiter, warum sich dieser Mann so fühlen könnte? Wiederum durfte ich ihre Antwort erfahren und wir führten, sie mit geschlossenen Augen, ein Gespräch über diesen Mann.

Nach etwa fünf Minuten öffnete sie ihre Augen, die mit sanften Tränen benetzt waren und fragte mich mit ruhiger Stimme, ob es ok sei, diesen Mann zu umarmen. Natürlich machten wir dies nicht, da diese Person keine Ahnung von unserem Experiment hatte, doch dieses Erlebnis hatte für sie eine maßgebende Veränderung in ihren Überzeugungen von Männern zur Folge. Sie erkannte mit ihrem Herzen die Schönheit und dieses Erkennen ließ ihr Herz wieder ein Stückchen heiler werden.

Nach etwa fünf Monaten lernte sie die Liebe ihres Lebens kennen und ist von ganzem Herzen glücklich. Ich bin unsagbar stolz und dankbar, dass sie Vergebung finden konnte.

Nun geht es aber um dich und ich lade dich wirklich dazu ein, mindestens einmal täglich die innere Schönheit des anderen Geschlechts zu erkennen. Dies kann so viel in dir bewirken. Ich weiß, dass dies eine Herausforderung für Menschen darstellt, die schlechte Erfahrungen mit dem anderen Geschlecht gemacht haben und doch ist es die wohl beste Möglichkeit, eine andere, bessere Überzeugung in dein Bewusstsein zu bekommen.

Am besten setzt du dich einfach in ein Lokal oder in eine Fußgängerzone, trinkst gemütlich einen Kaffee und beobachtest Menschen. Nimm wahr, wie sich ein Liebespaar küsst oder umarmt, sieh hin, wenn ein Vater seinem Kind ein Lachen ins Gesicht zaubert, erkenne, wie ein gebrechlicher alter Mann sich lächelnd unterhält und wenn du dazu bereit bist, suche dir jemanden vom anderen Geschlecht aus und beobachte sie oder ihn mit deinem Herzen.

Die Schönheit kann nur derjenige wirklich erfahren, der Schönheit in seinem Herzen trägt. Für mich war und ist die Schönheit das mächtigste „Tool", wenn es um die Veränderung des eigenen Lebens geht. Wenn du es schaffst, Schönheit als Lebensgesetz zu leben, wirst du immer mehr Schönheit in dein Leben bringen. Dies bedeutet wiederum, dass dein Fokus nicht dem Schlechten in dieser Welt Energie gibt, sondern in allem und jedem, Schönheit erkennen wirst, was wiederum als Ergebnis wunderschöne Momente nach sich zieht.

Mein Leben dient als bestes Beispiel dafür und ich bin unendlich dankbar, die Schönheit als Lebensprinzip für mich gefunden zu haben.

MITGEFÜHL

Schon seit tausenden von Jahren stellt das Mitgefühl, laut Überlieferung alter Völker, das höchste erschaffende Gefühl dar und transformiert in der Anwendung nicht nur andere Menschen, sondern vor allem DICH.

Das mitfühlende Herz wird alles und jeden verändern,
da diese Schwingung eine der höchsten darstellt und
dich Momente und Situationen erschaffen lässt, die an
Liebe nicht zu übertreffen sind.

Doch mache niemals den Fehler, Mitgefühl mit Mitleid
zu verwechseln. Wie du in diesem Buch mit Sicherheit
erkannt hast, ist es essentiell in welchen Bereich du
deine Energie lenkst und dadurch diese Energie
verstärkst. Das, worauf du dich konzentrierst, wird
wachsen. Mitleid ist eine Beurteilung der Situation
eines Menschen und sehr, mit energieraubenden
Aspekten behaftet. Dadurch ist es niemals sinnvoll, mit
anderen Menschen mitzuleiden, denn genau dies
verstärkt ihr Leid.

Mitgefühl hingegen präsentiert eine Symbiose zweier
Menschen, deren Herzen sich berühren und mit
gemeinsamer Kraft zur Heilung beider Involvierten
beiträgt.

In der zivilisierten, schnelllebigen Welt geht es zumeist
um das Ich.
„Wie kann ich erfolgreich sein? Wie kann ich mehr
Geld verdienen? Wie kann ich glücklich sein?"
Das Egoverhalten des Einzelnen bringt jedoch diese
Menschen immer weiter von ihrem Lebensglück weg,

da man nicht verleugnen kann, dass jeder mit jedem auf einer gewissen Ebene verbunden ist.

Mitgefühl stellt hingegen das Gemeinsame im Leben dar. Die Anerkennung des Verbunden sein und das gelebte, ehrliche, emotionelle Interesse am Wohlergehen anderer Menschen.
Die daraus resultierende Energie ist meiner Meinung nach die höchste, die man im Hier und Jetzt erreichen kann und dient beiden Personen. Dem Mitfühlenden und dem Empfänger des Mitgefühls.

Mitgefühl dient jedoch nicht nur anderen Menschen, sondern vor allem dir selbst. Da jeder und alles miteinander verbunden ist, stellt dies auch keineswegs eine egoistische Handlung dar, sondern vielmehr ein Erheben aller Lebewesen.

Übe dich zuerst am Mitgefühl zu dir selbst, zu deinen Herausforderungen, Ängsten, Zweifeln und negativen Gefühlen, um ein Resonanzfeld für dieses Gefühl in dir zu erzeugen. Wir Menschen neigen stets dazu uns selbst zu verurteilen und dies hat nichts mit Mitgefühl zu tun.
Nur durch ein entsprechendes Resonanzfeld sind Worte des Mitgefühls, dann nicht nur lediglich Worte,

sondern besitzen die Kraft, einen anderen Menschen im Herzen zu berühren und ihn zu erheben.

Mitfühlende Menschen leben im Hier und Jetzt und nicht in der Vergangenheit oder in der Zukunft. Sie sind mit allen Sinnen präsent und tauchen in das Gefühl zu einhundert Prozent ein, ohne sich selbst die Frage zu stellen, warum sie das machen. Sie akzeptieren den Schmerz des anderen und auch den eigenen, ohne zu bewerten, warum und wie dieser Schmerz entstanden ist oder was daran schuld, sein könnte.

Mitfühlende Menschen sind hier und jetzt präsent und würden, übertragen gesprochen, in diesem Moment alles für den leidenden Menschen tun, ganz egal wie es ihnen selbst dabei ergehen würde. Sie stürzen sich mit Mut und Stärke in das vollkommene Loslassen des Egos und agieren einzig und allein aus ihrem Selbst, im Wissen der Verbundenheit von allem und jedem.

Mitfühlende Menschen präsentieren jedoch keine Lösungen für den Leidenden, da sie wissen, dass Probleme niemals von außen gelöst werden können, sondern lediglich durch inneres Wachstum des Betroffenen.

Der Moment, in dem ein Mensch wahres Mitgefühl empfindet, ist ein Akt des Heilens, der keine Worte oder Taten verlangt, sondern durch die Verbundenheit, die uns umhüllt, dem anderen Menschen Kraft, Energie und Liebe gibt, was wiederum im niemals enden wollenden Maße zum mitfühlenden Menschen zurückkommt.

Sei ein mitfühlender Mensch und erhebe alle anderen mit deiner Gabe, verbunden mit dem Ganzen zu sein, dann wirst du die höchste Frequenz der Liebe leben, verinnerlichen und ausstrahlen und dadurch immer mehr Momente der Liebe in deinem eigenen Leben erfahren.

Inspiration

Ein inspirierter Mensch liebt das, was er tut. Im Gegensatz zum motivierten Menschen geht er vollkommen in seiner Aufgabe auf. Sich zu motivieren bedeutet hingegen, sich für eine gewisse Tätigkeit überwinden zu müssen. Das ist im Bereich der hochfrequentierten Gefühle sogar kontraproduktiv.

In Momenten der Inspiration bist du voll und ganz im Hier und Jetzt und hast keine Gedanken an die Zukunft oder die Vergangenheit. Du befindest dich in einem

Moment, in dem Zeit eine Illusion darstellt und für dich nicht einmal fühlbar oder denkbar ist. Dies ist ganz leicht bei Kindern zu erkennen, die in ihrem Spiel voll und ganz aufgehen und in ihre Rolle der „beispielsweise Prinzessin" schlüpfen. Meine Frage an dich lautet: *„Wie oft und wie lange, gemessen an vierundzwanzig Stunden des Tages, befindest du dich in der Inspiration, in Momenten, in denen du im Tun, im Hier und Jetzt präsent bist und alle Eindrücke des Lebens, ohne Konzentration in dich aufsaugen kannst?"*

Momente der Inspiration, sind Momente der Liebe, verbunden mit deinem wahren Dasein, verbunden mit deinem Selbst. Du handelst aus deinem Bauchgefühl und lässt zu, dass diese Energie durch dich fließt, ohne sie mit deinen Gedanken zu bewerten oder zu verurteilen.

Finde für dich Momente der Inspiration, Momente in denen du völlig aufgehst, wie eine wunderschöne Blume, die von den Sonnenstrahlen morgendlich erweckt wird, und du wirst immer mehr davon erleben.
Wenn du nicht genau weißt, wann solche Momente entstehen könnten, frage dich einfach, was du in deiner Jugend oder sogar Kindheit gerne gemacht

hast. Bist du ein kreativer Mensch, dann sorge täglich für kreative Momente. Bist du ein musikalischer Mensch, dann singe oder tanze mindestens einmal täglich.

Erschaffe für dich viele solcher Momente, und du wirst Hinweise darauf bekommen, welche Berufung für dich vorgesehen ist, aber nicht durch Nachdenken, sondern durch Loslassen deiner Gedanken und im Akzeptieren und genießen, des Hier und Jetzt.

Innere Ruhe

Welcher Mensch wünscht sich nicht, ruhig und gelassen zu sein, ein Gefühl der Unantastbarkeit von außen, sein Eigen zu nennen. Menschen reagieren zumeist auf Einflüsse, die sie im Außen wahrnehmen, mit der Antwort eines ganz bestimmten Gefühls und Gedankens. Sagt dir jemand etwas Nettes, fühlst du dich gut, sagt jemand etwas Böses, fühlst du dich schlecht.

Die Art und Weise, wie du dich in dem Moment des Einflusses von außen fühlst, hat eine entscheidende

Auswirkung auf deine Reaktion. In jedem Moment deines Lebens bewertest du Einflüsse, Begebenheiten, Aussagen und dergleichen. Aus diesem Grund ist es wichtig, zu hinterfragen, aus welchen Gründen du genau so reagierst, wie du es tust.

Deine Bewertungen hängen von folgenden Kriterien ab:

1. *Wie war dein Tag (wenn du einen sehr bescheidenen Tag hattest und dich jemand ärgert, reagierst du ganz anderes, als wenn du einen guten, glücklichen Tag gehabt hättest.)*
2. *Glaubenssätze: In jedem Moment deines Lebens vergleicht dein Gehirn das Erlebte mit deinen Überzeugungen und dem entsprechend, entscheiden deine Überzeugungen, ein Teil davon sind deine Glaubenssätze, wie du dich fühlst und du diese Situation beurteilst.*
3. *Werte: Die Bewusstheit deiner Werte sagt dir sehr viel über die Art und Weise, wie du Situationen bewertest. Unser Gehirn reagiert auf Schmerz und Freude und ist bei jeder Bewertung maßgebend beteiligt.*

Um nicht mehr das Opfer dieser Bewertungen zu sein, ist es essentiell, ruhig und gelassen zu agieren und zu verstehen warum du so fühlst und natürlich auch so denkst.

Der zweite, noch wichtigere Aspekt, falls man das Leben in Wichtigkeiten unterteilen kann, stellt für mich die innere Ruhe, den für mich mächtigsten Freund in einem Leben, dar.

Trainierst du deine Gelassenheit, deine innere Ruhe, wirst du nach einiger Zeit, Kontakt mit dem Teil in dir bekommen, der ganz und heil und voller Kraft und Liebe ist, deinem Selbst (oder auch Nichtselbst im Buddhismus). Du beginnst zu verstehen, wer du wirklich bist und die höchste Frequenz der Liebe, empfinden und zu leben beginnen.

Dass dies natürlich, sensationelle Auswirkungen auf das Resonanzfeld hat, welches du in dir erzeugst und demnach die Momente, die du anziehst, ganz andere sein werden, ist mit Sicherheit leicht zu verstehen.

Starte täglich mit mindestens fünf Minuten Training der inneren Ruhe. Nimm dir wirklich die Zeit dafür. Es ist anfangs kaum vorstellbar, was dadurch in dir geschehen wird.

Dankbarkeit

Oft sind wir uns gar nicht bewusst, wofür wir in unserem Leben von ganzem Herzen dankbar sein können. Vielleicht stellst du dir einfach jetzt die Frage, wofür du Dankbarkeit empfinden könntest?
Je nachdem, in welcher Gemütslage du dich befindest, werden dir entweder mehr oder weniger Aspekte einfallen, ganz einfach, weil in der Welt der Dualität immer nur ein Gefühlszustand vorherrschend wirken kann. Wenn du dich richtig schlecht fühlst, wird dir, die Beantwortung der Frage viel schwerer fallen, als wenn du dich gut fühlst.

Dankbarkeit ist ein Aspekt der Liebe, den wir Menschen oft viel zu sehr vernachlässigen. Oder wann hast du das letzte Mal Tränen der Dankbarkeit in den Augen gehabt, ohne dass etwas Besonderes geschehen ist.

Kultiviere deine Dankbarkeit, denn sie ist ein essentieller Bestandteil der bedingungslosen Liebe.

Die wirkungsvollste Möglichkeit ist es, jeden Morgen, noch bevor du deinen normalen Rhythmus beginnst, mindestens fünf Momente der Dankbarkeit auf ein Blatt Papier zu schreiben. Und ja, wirklich schreiben,

da du über mehrere Sinne das Geschriebene wahrnehmen wirst und dadurch bewusster fühlst.
Damit du es auch wirklich schaffen kannst dankbar zu sein, schreibe Dankbarkeitsmomente vom Vortag auf. Solche Momente sind eine frische Erfahrung und es fällt dir leichter, ein ehrliches Gefühl zu erschaffen und wir wollen ja stets ehrlich und authentisch sein, ohne uns selbst zu betrügen.

Zwei Aspekte entstehen dadurch in dir:

1.) *Du beginnst deinen Tag mit dem Aspekt der Liebe und entsprechend deinem Fokus, wird dein Tag anders verlaufen.*
2.) *Du sorgst täglich dafür, mindestens fünf dankbare Momente zu erschaffen, da dir sonst am nächsten Tag nichts einfallen würde.*

Verletzlichkeit

Schon alleine vor diesem Wort, graut es so manchen Menschen.
„Verletzlichkeit, nein, ich will nicht verletzlich sein und warum sollte dies ein Aspekt der Liebe sein."
Liebe Freundin, lieber Freund, aus meiner Praxis darf ich dir berichten, dass Verletzlichkeit der größte Segen

für dich sein kann, wenn du den Mut findest sie in dein Leben zu lassen.

Wann hast du jemals in deinem Leben gelernt, das du verletzlich sein darfst? Wie oft wurde dir gesagt, dass du dich zusammenreißen sollst, du niemals deine wahren Gefühle offenbaren darfst, da du dann ganz leicht zu einem Opfer wirst. Menschen haben stets gelernt die verletzlichen Seiten in sich zu ignorieren oder zu bekämpfen, wenn ihr Ego zu stark wurde. Reflektiere dein Leben! Wie oft wurdest du ermutigt Fehler zu machen, traurig zu sein oder einfach nur einmal zu weinen, wenn dir danach ist?

Menschen neigen gerne dazu ihre Schwächen zu vertuschen oder zu überspielen, da man sich doch niemals bloßstellen darf. Stets, wenn man dem anderen zeigt, dass man Schwachstellen hat, wird man vom anderen „gefressen", zumeist mit Haut und Haar. Diese Art und Weise der unbewussten Kommunikation ist schon sehr alt. Dies kommt aus der Zeit, als es für das Überleben notwendig war, der oder die Stärkste in einem gewissen Rudel zu sein und diese Stärke stets zu symbolisieren. Doch diese Zeiten sind schon lange vorbei!

Diese Art und Weise zu leben, bringt dich vielmehr von der wahren Stärke ab, als wenn du dir eingestehst, dass auch du Gefühle hast, du nicht immer alles im Griff hast und dir vielleicht sogar helfen lässt.

In jedem Moment, wenn du deine wahren Gefühle verleugnest und ja, du nimmst wahr, wenn sie präsent sind. Jedes Mal bringst du dich ein Stück weiter von der bedingungslosen Liebe weg, weil bedingungslos unterscheidet niemals zwischen gut oder schlecht. Was gut oder schlecht ist, beurteilt ausschließlich dein Gehirn. Deine Gedanken erzählen dir stets eine Geschichte, die du in deinem Leben gelernt hast. Dies ist nun mal der Job deines Gehirns, dir ständig etwas zu erzählen, auch wenn du dein Gehirn nicht um Rat fragst.

Nun stell dir vor, du gehst eine Runde spazieren und nach einigen Metern befindet sich neben dir eine Person, die dir ständig und ununterbrochen irgendetwas erzählt. Zumeist spricht sie über Ängste und Zweifel, vielleicht sogar über Schuld und Versagen. Immer weiter und weiter labert dich diese Person voll und du bist schon so richtig genervt, wie negativ dieser Typ dem Leben gegenüber eingestellt ist. Ich glaube du würdest nicht lange zulassen, dass diese Person dich auf deinem Weg begleitet, sondern würdest ihr schon ziemlich bald die Wege weisen. Doch wie ist es mit deinem Geschichtenerzähler, der dir stets erzählt, wie schrecklich gewisse Aspekte des Lebens sind, wieviel Angst dir Personen machen, oder warum es sicherer ist, nicht zu vertrauen. Deinem Spazierpartner würdest du nicht glauben und ihn wahrscheinlich nach einer gewissen Zeit ignorieren, jedoch deinem eigenen, im Gehirn sitzenden Geschichtenerzähler hörst du täglich, stündlich und minütlich zu und noch schlimmer, du glaubst ihm sogar.

Die Verletzlichkeit wird dich mit dem Teil verbinden, der dich ganz macht und du wirst mit allem, was du bist, authentisch und ehrlich zu dir und anderen sein. Du wirst erfahren, welche Werte dein Leben prägen und für diese Werte kämpfen. Verletzlichkeit bedeutet alles andere als Schwäche, vielmehr ein Erwachen des Kleingeistes, der dir immer wieder erzählt, das du stark und unnahbar sein musst.

Nichts ist weiter von der Wahrheit entfernt, als diese falsche Erkenntnis. Wenn du dich lebst mit all deinen Schwächen und auch Stärken, dann bist du eine Person, die sich gefunden hat, und für andere wirst du viel mehr, als nur stark sein. Deine vermeintlichen Schwächen werden für andere ein strahlendes Licht sein, und Menschen werden sich darum reißen, mit dir ihre Zeit zu verbringen. Doch verstehe bitte nicht falsch, was ich mit Verletzlichkeit meine.

Ich meine keineswegs, dass du jammern sollst und schwach bist, sondern vielmehr dass du auch zu den Anteilen in dir stehst, die dir Angst machen und die du lieber unter den Teppich kehren würdest.

Wahre Stärke entsteht dann, wenn du mutig und kraftvoll zu dir stehst, was dich als Mensch ausmacht, und glaube mir, jeder Mensch hat seine Geheimnisse, die er nicht wirklich gerne preisgibt. Sei ein Vorbild für deine Familie, deine Mitmenschen und vor allem für dich, dann bist du schon ganz nahe mit dem Bereich in Berührung, den man als bedingungslose Liebe bezeichnet. Und wenn du diese in Dir gefunden hast und auch lebst, wird deine Beziehung, werden alle Beziehungen wieder erblühen.

Der wichtigste Mensch im Leben bist du

Wenn es dir wirklich so richtig ernst ist, dein Leben zu verbessern und das kennen zu lernen, was dich richtig frei macht, praktiziere die vorher erwähnten Qualitäten jeden Tag. Erschaffe in dir eine Frequenz der Liebe, um zur Liebe zu werden, mit allem was diese Liebe in sich vereint.

Doch nützen all diese Aspekte nichts, wenn du dich immer wieder an der zweiten oder gar letzten Stelle erachtest.

Du bist der wichtigste Mensch. Du und nur du.

Ich kann schon hellsehen, was du dir im Moment denken wirst. Vielleicht hast du Kinder, deinen Partner oder andere Menschen, für die du glaubst, da sein zu müssen, und das verstehe ich voll und ganz. Auch ich habe zwei wundervolle Töchter, für die ich alles gebe. Doch darfst du niemals die Qualität deines Gebens überschätzen!

Wenn du mit dir im Reinen und wirklich glücklich bist, bist du ein Licht für deine Liebsten.

Es geht nicht so sehr darum, was du sagst oder jemandem zuliebe machst, da wir ohnehin besprochen haben, dass dies oft aus dem Grundbedürfnis der Liebe oder Bedeutung kommt. Es geht darum deinen Liebsten vorzuleben, dass glücklich zu sein und bedingungslose Liebe zu leben, möglich ist.
Sei ein Vorbild als Mensch für deine Familie und vor allem für dich. Ich weiß, ich wiederhole mich und doch sage ich das noch einmal ganz eindrücklich. Wenn du für deine Liebsten sorgen willst, achte darauf, dass du

stark genug bist, es tun zu können, sonst wird aus deinem Mitgefühl für andere bald Frustration werden, und dann kannst du niemandem mehr helfen, vielmehr bist du dann vielleicht auf äußere Unterstützung angewiesen, und das willst du nicht, das weiß ich.

Du bist der wichtigste Mensch und ich lade dich ein, dich so zu behandeln, wie die Menschen, die du von ganzem Herzen liebst. Mache dir einfach Gedanken, was du tust, wenn du Hals über Kopf verliebt bist. Vielleicht sagst du ihm oder ihr, dass du ihn/sie liebst, machst ihm/ihr Komplimente, küsst ihn/sie, umarmst ihn/sie, liebst ihn/sie mit deinem ganzen Körper. Vielleicht erfüllst du ihm/ihr Wünsche, organisierst einen traumhaften Abend und stellst vielleicht sogar seine/ihre Bedürfnisse über die deinen. Auf dieser Art und Weise präsentierst du unter anderem, einem Menschen, dass du ihn liebst und dass er für dich wertvoll ist. Ich denke, wenn dein/e Partner/in davon nichts für dich tut und umgekehrt, würdet ihr euch nicht wertvoll füreinander fühlen, oder?
Nun lade ich dich ein, für dich wertvoll zu werden. Nimm dir Zeit für dich, erfülle dir Wünsche, erfülle dir Bedürfnisse, fange wieder an zu träumen und teile diese Träume mit deinen Liebsten.

Nimm dir Zeit für deine innere Ruhe und erlebe Abenteuer, am besten mit deinem/r Partner/in. Fange wieder an, dich an erster Stelle zu sehen, um dir zu präsentieren, dass du wertvoll bist, und lerne auch wieder NEIN zu sagen. Du kannst dir gar nicht vorstellen, welche Freiheit das Wort „nein" dir bringen wird.

Erhebe auch deine Partnerschaft, indem du wieder so agierst, wie du es am Anfang deiner Beziehung getan hast. Scheibe wieder hunderte SMS, wie sehr du deine/n Partner/in liebst, wie du ihn/sie vermisst, bringe wieder Geschenke mit nach Hause und verführe deine/n Partner/in mit allem was du hast. Lass die Leidenschaft wieder in dir entstehen und sie wird auf deine/n Partner/in überspringen. Schreibe einen Brief, einen Liebesbrief und erkläre deiner Liebe, dass du nicht ohne ihn/sie kannst, weil allein schon der Gedanken an ihn/sie dein Herz höher schlagen und deine Lenden brennen lassen wird. Ups, ich glaub das war übertrieben ☺ und wenn schon. Fange wieder an zu lieben, übertreibe im vollen Maße und ziehe dies mindestens fünf Wochen durch. Dann wird sich alles in deinem Leben verändern. Wenn du die Übungen der Liebe täglich für dich anwendest, wirst du bereits nach kurzer Zeit den Teil in dir erkennen, den du als wahre Liebe wahrnehmen wirst. Dann bist du ein Segen für dich und alle anderen geworden.

Bitte mache dir und deinen Liebsten das Geschenk, Liebe zu sein, Glück zu sein. Du trägst so viel für uns alle bei. Wenn du diese Liebe lebst hast du auch für mich mehr getan, als dir vielleicht bewusst ist, da mein stärkster Drang im Leben ist, dich glücklich und liebevoll leben zu sehen. Danke, dass du auch mir das Geschenk machst und an dir arbeitest. Danke, dass du dieses Buch gelesen hast und danke, dass du bist.

In Verbundenheit, Wolfram Vertnik

Nachtrag

Falls du dich fragst, wie es Rita und Tom weiter ergangen ist ob ihre Liebe weiter Bestand hatte, habe ich nur eine Antwort: „Es liegt an DIR".

Du entscheidest, durch die Art und Weise, wie du dein Leben ab dem heutigen Zeitpunkt lebst, wie diese Geschichte weitergeht.

Möglicherweise konntest du dich in einen, unserer Hauptdarsteller widerfinden und hattest ähnliche Erlebnisse in deinem Leben.

Wenn ja, dann bestimme du, wie diese Geschichte enden wird und schreibe ab heute deine eigene, besondere, liebvolle Geschichte.

In meiner Geschichte haben Rita und Tom die bedingungslose Liebe in sich gefunden und ihre Beziehung war der Ausdruck von wahrer, gelebter Liebe.

Vorträge, Seminare und Workshops von und mit

Wolfram Vertnik

BELIEVE/DIE ERFAHRUNG DER BEDINGUNSLOSEN
LIEBE

DIE KRAFT IN DIR/FÜR MENSCHEN DIE ALLES WOLLEN

DIVITIAE/PRINZIPIEN DES FINZIELLEN WOHLSTANDES

High Performance Coaching
www.wolframvertnik.com

Ausbildungen und Seminare, der von Wolfram Vertnik gegründeten

EIP Akademie

EIP PRACTITIONER

EIP MASTER

ERFOLGSCOACH

High Performance Coaching
www.eipakademie.com